KARL PILSL

STARKE WORTE FÜR STARKE ZEITEN

Nr. 4

LEBE EIN LEBEN DER FREUDE

Erschienen im Verlag:
Verlag Gute Nachricht GmbH
Freyunger Str. 53 a · D-94146 Vorderschmiding
Telefon 08551 9149-0 · Fax 08551 9149-14
E-Mail: office@verlag-gute-nachricht.de
www.wirtschaftsrevolution.de

ISBN: 3-935760-14-0

4. unveränderte Auflage, November 2006

INHALT

Vorwort 7

Tag 1: *»Achtet sorgfältig darauf, wie ihr euer Leben führt, nicht töricht, sondern klug und nutzet die Zeit.«* 11

Tag 2: *»Ehre Vater und Mutter, damit es dir gut geht und du lange lebest auf Erden.«* 12

Tag 3: *»Der Weise höre und vermehre sein Wissen, der Verständige lerne kluge Führung.«* 13

Tag 4: *»Gottesfurcht ist Anfang der Erkenntnis, nur Toren verachten Weisheit und Zucht.«* 14

Tag 5: *»Der Gott, der uns Leben gab, gab uns zur gleichen Zeit auch Freiheit.«* 15

Tag 6: *»Der sich selbst erlaubt, einmal zu lügen, wird feststellen, dass es das zweite Mal noch leichter fällt.«* 16

Tag 7: *»Wir freuen uns unserer Stärke, ohne uns damit zu brüsten, wir respektieren dasselbe bei anderen, ohne uns dessen zu fürchten.«* 17

Tag 8: *»Die Lebensqualität eines Menschen steht im direkten Zusammenhang mit seinem Nutzen, den er anderen stiftet, egal, in welchem Beruf er tätig ist.«* 18

Tag 9: *»Das Einzige, was schlimmer sein könnte als die Verhärtung des Herzens, ist ein unentschlossener Verstand.«* 19

Tag 10: *»Du kannst einen Menschen nicht unterdrücken, ohne dass du mit ihm auch unten bleibst.«* 20

Tag 11: *»Ich hatte mich so lange geärgert, weil ich keine Schuhe hatte, bis ich jemanden sah, der keine Füße hatte.«* 21

Tag 12: *»Menschen, die sich in ihrem Leben verloren haben, tendieren dazu, Menschen nachzufolgen, die sich in ihren Theorien verloren haben.«* 22

Tag 13: *»Sorgt euch um nichts, sondern bringt in jeder Lage eure Bitten mit Dank vor Gott.«* 23

Tag 14: *»Denn der Herr gibt Weisheit, aus seinem Munde kommen Erkenntnis und Einsicht.«* 24

Tag 15: *»Nie sollen Liebe und Treue dich verlassen, binde sie dir um den Hals, schreibe sie auf die Tafel deines Herzens. Dann erlangst du Gunst und Beifall bei Gott und den Menschen.«* 25

Tag 16: *»Jedes Problem beinhaltet den Samen für seine eigene Lösung.«* 26

Tag 17: *»Bete nicht um eine leichtere Last, bete lieber für einen stärkeren und breiteren Rücken.«* 27

Tag 18: *»Du kannst in zwei Monaten mehr Freunde gewinnen, indem du dich wirklich für andere Menschen interessierst, als du in zwei Jahren finden wirst, wenn du versuchst, andere Menschen für dich zu interessieren.«* 28

Tag 19: *»Mit ganzem Herzen vertrau auf den Herrn, baue nicht auf eigene Klugheit. Such IHN zu erkennen auf all deinen Wegen, dann ebnet er selbst deine Pfade.«* 29

Tag 20: *»Ehre den Herrn mit deinem ganzen Vermögen, mit dem Besten von dem, was du erntest. Dann füllen sich deine Scheunen mit Korn, deine Fässer laufen über von Wein.«* 30

Tag 21: *»Kundenreklamationen sind die Schulbücher, aus denen wir lernen, unsere eigenen Unzulänglichkeiten zu beseitigen.«* 31

Tag 22: »*Angst und Furcht bringen den Menschen weiter als Mut und Courage, aber leider in eine andere Richtung.*« 32

Tag 23: »*Nicht ‚wer hat Recht' ist die entscheidende Frage im Leben, sondern ‚was ist recht?'*« 33

Tag 24: »*Die meisten Menschen planen ihren Urlaub besser als ihr Leben.*« 34

Tag 25: »*Was recht ist, ist recht und was falsch ist, ist falsch. Mit Integrität lassen sich keine Kompromisse machen.*« 35

Tag 26: »*Weisheit zu erwerben ist besser als Silber, Weisheit zu gewinnen ist besser als Gold.*« 36

Tag 27: »*Menschen, die nie mehr tun als das, wofür sie bezahlt werden, werden auch niemals überdurchschnittlich bezahlt werden für das, was sie tun.*« 37

Tag 28: »*Es ist unmöglich, ein gebildeter Mensch zu werden, wenn man nur das lernen will, was einem gefällt.*« 38

Tag 29: »*Versag keine Wohltat dem, der sie braucht, wenn es in deiner Hand liegt, Gutes zu tun.*« 39

Tag 30: »*Anfang der Weisheit ist: Erwirb dir Weisheit, erwirb dir Einsicht mit deinem ganzen Vermögen.*« 40

Tag 31: »*Mehr als alles hüte dein Herz, denn von ihm geht das Leben aus.*« 41

Erläuterungen 42

Über den Autor 49

VORWORT

Liebe Leserin, lieber Leser!

Lebe ein Leben der Freude.

Wir leben in sehr herausfordernden Zeiten. Wir leben in revolutionären Zeiten.

Und viele Menschen sind heutzutage wirklich in vielerlei Nöten. Auch wenn sie es nach außen hin nicht zu erkennen geben, in vielen Herzen spielen sich wahrlich Tragödien ab. Es sind die verschiedensten Nöte, die die Menschen heutzutage bewegen, nicht nur Gesundheitsfragen oder seelische Depressionen, sondern insbesondere Probleme in ganz alltäglichen Bereichen. Und diese Probleme in den ganz alltäglichen Bereichen sind bei vielen Menschen die wirkliche Ursache ihrer Depressionen und auch gesundheitlichen Schwierigkeiten.

Ich möchte mich heute auf drei Hauptbereiche konzentrieren, die ich geortet habe bei meinen vielen Seminaren und Gesprächen mit Menschen aus allen Gesellschaftsschichten.

Alle drei Bereiche beginnen mit dem Buchstaben F:

FINANZIELLE NÖTE

Man glaubt es kaum, aber mindestens 70% aller erwachsenen Menschen haben Probleme finanzieller Natur. Die Kosten steigen, die Ertragskraft oder das frei verfügbare Einkommen sinkt. Die Kostenschere wird immer drückender. Finanzielle Nöte zu haben ist ja nicht eine Frage der Höhe des Einkommens, sondern insbesondere eine Frage der inneren Einstellung. Menschen, bei denen man meint, sie würden im finanziellen Überfluss leben, sind sehr oft einem gewaltigen finanziellen Druck ausgesetzt. Aber auch viele Normalverdiener leben in ständigem finanziellen Kampf und der Bau eines Einfamilienhauses mit den dadurch entstandenen finanziellen Verpflichtungen hat den Druck noch verstärkt. Die Ehefrauen und Mütter sind gezwungen ebenfalls Geld zu verdienen.

Dies führt zur zweiten großen Not.

FAMILIENPROBLEME

Eine wirklich glückliche Familie, ich meine rundum zufrieden und glücklich, ist heute nur mehr selten zu finden. Ehekrisen stehen auf der Tagesordnung und werden durch den ständigen finanziellen Druck noch verstärkt. Positive Kinder in einer negativen Welt zu erziehen wird immer schwieriger, weil die Eltern selbst immer weniger positiv sind – und positive Eltern sind die Grundvoraussetzung für positive Kinder. Mindestens 90% der Ehen und Familien in der heutigen Zeit werden nicht in wirklicher Harmonie gelebt. Viele Familien sind nur mehr Wohngemeinschaften, ohne die wirkliche Aufgabe einer Familie richtig zu erfüllen.

Die Ursache für all diese Probleme liegt aber meines Erachtens im dritten wirklichen Problemfeld:

FRIEDE IM HERZEN FEHLT

Viele Menschen leben heute ein Leben in innerer Unzufriedenheit. Unzufriedenheit ist ja sonst nichts als mangelnder Friede. Wirklicher Friede aber kommt nur von Gott. Jedes Mal, wenn ich eine Friedensdemonstration im Fernsehen sehe und Menschen „für den Frieden" auf die Barrikaden steigen, denke ich mir: „Welch eine Lüge. Andere sollen Frieden schließen, sie selbst aber leben sogar mit ihren eigenen Hausgenossen (Familie) im Kriegszustand!"

Das Problem ist lösbar. Jedoch nur in dieser Reihenfolge:

FRIEDE IM HERZEN SICHERSTELLEN

Jesus Christus sagt: „Ich gebe euch einen Frieden, wie die Welt ihn nicht geben kann. Einen Frieden, der alles Verstehen übersteigt." Willst du diesen Frieden, dann musst du dich entscheiden gemäß Johannes-Evangelium, Kapitel 1, Vers 12, Jesus Christus in dein Herz aufzunehmen, denn Er ist der Friedefürst. Wirklichen Frieden im

Herzen gibt es nur durch den Geist Gottes, den Jesus Christus denen gibt, die ihn darum bitten. Dann kommt auch die Frucht des Geistes, die im Galaterbrief 5:22 genau beschrieben ist. Wenn du wissen möchtest, was das ist, dann schlag jetzt deine Bibel auf. Und wenn du wissen möchtest, wie groß der Unterschied zu deiner jetzigen Situation ist, dann lies im Vergleich dazu auch Galater 5:19. Das sind die Werke, die in dieser Welt vorherrschen, aber alles zerstören.

Wenn du deinen Frieden im Herzen gefunden und durch Jesus Christus sichergestellt hast, dann ist

EINE FAMILIE IN HARMONIE

die logische Folge. Friede und Sicherheit müssen zuerst in deinem Herzen sein, bevor sie in deinem Hause Realität werden können. Eine Gruppe von Menschen, die Frieden und Freude im Herzen haben, machen automatisch eine harmonische Familie.

Und eine harmonische Familie lässt auch

FINANZIELLE NÖTE

besser gemeinsam bewältigen. Und nicht nur das. Durch eine harmonische Familie wird die Familie zur Energiequelle, zur Ermutigung und zur Ideenquelle für neue Chancen und Möglichkeiten. Und mit dieser zusätzlichen Kraft und den neuen Möglichkeiten lassen sich sehr oft finanzielle Probleme leichter beseitigen und mit der Hilfe Gottes in ein Leben in Fülle verwandeln.

Friede im Herzen, die Familie in Harmonie und Finanzen im Überfluss – das bringt ein Leben in Fülle und Freude vollkommen (Joh. 10:10).

Das wünscht dir von Herzen

Karl Pilsl

»Achtet sorgfältig darauf, wie ihr euer Leben führt, nicht töricht, sondern klug und nutzet die Zeit.«
Epheser 5:15

Viele Leute in der heutigen Zeit leben ganz einfach dahin. Sie achten nicht sorgfältig darauf, wie sie ihr Leben führen, sondern lassen sich von den Umständen, von der allgemeinen Meinung oder von anderen Einflüssen von außen leben. Sie sind gelebte Menschen. Getriebene.

Es ist eine ganz wichtige Sache und nicht nur eine Floskel, wenn man sagt: Nutzet die Zeit. Die Zeit ist unser Leben. Wir haben genügend Zeit. Menschen, die immer sagen: Ich habe ja keine Zeit für dieses oder jenes, sagen damit ganz einfach: „Das ist mir nicht wichtig." Zeitmanagement heißt Prioritätenmanagement. Für das, was wirklich wichtig ist in meinem Leben, habe ich immer Zeit. Wenn ich dich heute beurteilen müsste, würde ich gerne wissen, wo deine persönlichen Prioritäten liegen. Um hier jedoch wirklich die Wahrheit zu erfahren, würde es bei den meisten Menschen nicht ausreichen, sie ganz einfach nach ihren Prioritäten zu fragen. Denn die Antwort würde in den meisten Fällen nicht stimmen. Sie würde vielfach so lauten: Priorität 1 in meinem Leben ist meine Familie! Aber leider habe ich keine Zeit dafür, weil ...! Wenn ich für etwas keine Zeit habe, ist es auch nicht weit vorne in meiner Prioritätenliste. Um wirklich einen Menschen und dessen wahre Prioritäten beurteilen zu können, brauche ich nur seinen Terminkalender anzuschauen und sehen, was er mit seiner „kostbaren" Zeit so alles tut. Dann kenne ich auch seine Prioritäten.

ERMUTIGUNG FÜR HEUTE

Sei ein guter Prioritätenmanager. Achte genau darauf, wie du deine Zeit einsetzt, denn deine Zeit ist DEIN LEBEN. Sei nicht töricht und lasse dich nicht treiben von den Umständen. Lebe ein bewusstes Leben, geordnet und klug. Nutze die Zeit, kaufe sie aus – für das, was wirklich wichtig ist.

TAG 2

»Ehre Vater und Mutter, damit es dir gut geht und du lange lebest auf Erden.«

Jeder von uns hat dieses Gebot zumindest in seiner Kindheit im Religionsunterricht gehört. Ehre Vater und Mutter! Aber zumindest ich hatte lange Zeit eine falsche Vorstellung davon, warum ich das tun sollte. Ich dachte immer, es heißt: „... damit es den Eltern gut gehe und sie lange leben mögen auf Erden." Doch das ist ganz und gar nicht so. Die Bibel sagt, dass dies das erste Gebot sei mit einer Verheißung. Und die Verheißung (Lohn Gottes dafür) ist, damit es **dir** (mir) gut gehe und **du** (ich) lange lebest auf Erden.

Wo soll es uns gut gehen? Auf Erden! Willst du wirklich, dass es dir gut gehe auf Erden? Ja sicherlich willst du das! Dann tust du gut daran, wenn du deine Eltern wirklich ehrst, ihnen deine Liebe zeigst und gibst und ihnen dankbar bist für das, was sie für dich so viele Jahre lang getan haben. Ein Mensch kann noch so gescheit sein und eine wichtige Funktion einnehmen. Wenn ich sehe, wie er seine Eltern behandelt, wenn es keiner sieht (in privaten Stunden), dann weiß ich wirklich, ob er sozusagen sein Herz am rechten Fleck hat. Der wahre Charakter eines Menschen kann leicht sichtbar werden. Manche Menschen bilden sich sogar ein, es sei nicht mehr zeitgemäß, den Eltern Ehre zu erweisen und Liebe zu geben. Gott lässt seiner nicht spotten, was der Mensch sät, das wird er ernten. Dies gilt auch hier.

ERMUTIGUNG FÜR HEUTE

Prüfe, wie du dich deinen Eltern gegenüber verhältst.
Sei ein dankbares „Kind". Deine Eltern haben jahrzehntelang für dich gesorgt und in dich investiert. Sie haben Anrecht auf deine Dankbarkeit, die sich in liebevollster Behandlung und großem Verständnis ausdrücken soll. Es geht um deine Zukunft.

»Der Weise höre und vermehre sein Wissen, der Verständige lerne kluge Führung.«

Kennst du jemanden, der immer sehr viel zum Besten gibt, stark ist im Austeilen von Information, aber schwach im Zuhören? Sicher kennst du jemanden. Es gibt auch heute immer noch Verkäufer, die meinen, ein guter Verkäufer (Vertreter) müsse gut reden können, das sei alles. Weit gefehlt. Ein guter Verkäufer ist dann ein weiser Mann, wenn er gelernt hat, zu hören. Zuzuhören, was sein Gegenüber, sein möglicher Kunde, zu sagen hat über sein zu lösendes Problem. Weise Menschen hören zu. Warum? Ganz einfach, durch Zuhören lernt man dazu. Man vermehrt dadurch sein Wissen. Willst du dein Wissen vermehren? Ja, dann lerne zuzuhören.

Ein weiser, verständiger Mann lerne aber noch mehr. Er lerne auch kluge Führung. Führung von Menschen. Viele Leute heutzutage verwechseln Management mit Führung. Management hat mit Führung noch nichts zu tun. Managen kann man Dinge, Situationen, Produkte, Kapital etc. etc. Aber Menschen lassen sich nicht gerne managen. Viele Manager managen heutzutage Menschen und wundern sich dann, wenn sie „Führungsprobleme" haben. Ist doch klar. Wer lässt sich schon gerne managen? Menschen wollen geführt werden. Wohin? In ein erVOLLgreiches, glückliches Leben. Und der „Führer" geht ihnen dabei voraus.

ERMUTIGUNG FÜR HEUTE

Zuhören, sein Wissen vermehren, verständig sein (Menschen verstehen) und kluge Führung – das sind Erfolgsgeheimnisse der heutigen Zeit. Wenn du in Führungsposition bist, dann sei auch ein kluger Führer. Vorausgehen und Vorzeigen heißt die Divise. Dem gemeinsamen Ziel entgegen.

TAG 4

»Gottesfurcht ist Anfang der Erkenntnis, nur Toren verachten Weisheit und Zucht.«

Die Bibel sagt: „Mein Volk geht zugrunde aus Mangel an Erkenntnis." Willst du nicht zugrunde gehen, dann schaue, dass deine Erkenntnis wächst. Wie kommt man zur Erkenntnis? Diese Bibelstelle gibt genau Auskunft darüber, was der Anfang der Erkenntnis ist: Gottesfurcht. Ich verstehe oft gewisse Menschen nicht, wenn ich sehe, wie sie nach Erkenntnis streben um jeden Preis, aber von Gottesfurcht nichts wissen wollen. Ja, sie wollen nicht einmal von Gott etwas wissen, geschweige denn von Gottesfurcht. Gottesfurcht hat ja mit der Form von Furcht, wie wir sie kennen – (vor etwas Angst haben), überhaupt nichts zu tun. Vor Gott braucht niemand Angst zu haben. Gott ist Liebe und meint es sehr, sehr gut mit jedem Einzelnen. Er erwartet jedoch, dass wir Ihm alle Ehre geben. Dass wir in dem Bewusstsein leben, dass Gott in allem die letzte Instanz ist und dass es sein größtes Sehnen ist, in deinem Leben reagieren zu dürfen, um dich in die Fülle des Lebens führen zu können. Gott lässt sich nicht entmachten, schon gar nicht von einem Atheisten. Gott will, dass du Ihm die Ehre gibst für deine Erfolge und Siege. Gott will, dass du dich von Ihm führen lässt – zu den grünen Auen. Er will dich weiden und dir Erkenntnis geben in allen wichtigen Dingen des Lebens. Gott lebt und regiert. Er ist derselbe gestern, heute und in alle Ewigkeit.

ERMUTIGUNG FÜR HEUTE

Sei kein Tor. Verachte nicht die Weisheit Gottes, die der Anfang ist, allen Reichtums und aller Ehre. Widersetze dich nicht der Zucht deines Vaters im Himmel. Er will dich nämlich dorthin „ziehen", wo du hingehörst: in die Erkenntnis Gottes und seine Fülle.

»Der Gott, der uns Leben gab,
gab uns zur gleichen Zeit auch Freiheit.«
Thomas Jefferson

Gott hat dir dein Leben gegeben. Du hast dein Leben nicht selbst gekauft. Gott hat es dir gegeben, kostenlos und es gehört daher auch Ihm. Er hat Recht auf Rechenschaft dafür, was du mit deinem Leben tust. Und Er gab uns auch ewiges Leben. Jesus Christus hat es für uns erkauft vor 2000 Jahren auf Golgatha. Du musst dieses Leben mit deinem freien Willen annehmen. Darum heißt es im Johannes-Evangelium im Kap. 1, Vers 12: „Allen aber, die **Ihn** aufnahmen, denen gab er Macht, Kinder Gottes zu werden". Wenn du Ihn (Jesus Christus) in dein Leben aufgenommen hast mit deiner freien Willensentscheidung, bist du nicht nur „von neuem geboren", sondern hast auch **ewiges Leben** erhalten. Wenn du aber ewiges Leben in Christus empfangen hast, dann hast du auch **die Freiheit** empfangen. Darum heißt es: „Und wen der Sohn (Jesus Christus) frei macht, der ist wirklich frei". In Freiheit leben, heißt wirklich frei zu sein. Im Galaterbrief heißt es, dass wir zur Freiheit berufen sind und uns nicht erneut unter ein Joch der Knechtschaft bringen lassen sollen. Viele Leute leben in religiöser Knechtschaft, weil sie Religion mit der lebendigen Beziehung zu Gott verwechseln. Gott ist nicht religiös und er spricht in Seinem Wort nie von Religion. Er spricht von einer persönlichen Beziehung zu Ihm und von Freiheit, die daraus kommt.

ERMUTIGUNG FÜR HEUTE

Gib dem lebendigen Gott einen neuen Stellenwert in deinem Leben. Entscheide dich bewusst für den Erlöser Jesus Christus, der dich befreit hat von aller Knechtschaft. Nimm diese Freiheit Jesu Christi auf in dein Leben, dann hast du nicht nur Leben sondern Leben in Freiheit.

TAG 6

»Der sich selbst erlaubt, einmal zu lügen, wird feststellen, dass es das zweite Mal noch leichter fällt.«
Thomas Jefferson

Derselbe Thomas Jefferson (US-Präsident), der gestern von Gott, Leben und Freiheit gesprochen hat, spricht heute zum Thema Lüge. Lüge ist das Gegenteil von Wahrheit. Eine Lüge führte noch keinen Menschen in die Freiheit. Möglicherweise wissen nun einige von Geschichten, wo sich jemand mittels einer Lüge befreit hat aus seinem Gefängnis. Aber das ist es nicht, wovon ich spreche, denn auch diese Befreiung kann nur kurzfristig sein, wenn sie auf eine Lüge aufgebaut ist. Viele Menschen bauen sich mit ihren Lügengebilden selbst täglich ihr Gefängnis. Sie bauen sich buchstäblich ein Gefängnis ihrer Worte. Sie werden Gefangene ihrer eigenen Worte. Jedes Wort, das nicht Wahrheit ist, ist Lüge. Jedes Wort, das nicht Wahrheit ist, ist ein weiterer Baustein für das Lügengefängnis deiner Worte. Wie viele Menschen haben sich schon in Lügen verstrickt und haben dann keinen Ausweg gefunden. Und da diese Menschen dann die Wahrheit nicht kennen oder damit nichts anzufangen wissen, gibt es auch keinen Ausweg mehr aus dem Lügengebilde. Hier hilft dann nur mehr, was Jesus Christus sagt: „Wer in mir bleibt, wird die Wahrheit erkennen und die Wahrheit wird ihn freimachen."

ERMUTIGUNG FÜR HEUTE

Wenn du wirklich frei sein möchtest, mach Schluss mit jeder Lüge. Sprich die Wahrheit. Entscheide dich für die Wahrheit. Jesus sagte: Ich bin der Weg, die WAHRHEIT und das Leben. Das ist die Wahrheit, die alle Lügen deiner Vergangenheit auslöscht und dir eine neue Chance gibt.

TAG 7

»Wir freuen uns unserer Stärke, ohne uns damit zu brüsten, wir respektieren dasselbe bei anderen, ohne uns dessen zu fürchten.«

Ausgangssituation für jeden Sieg im Leben ist, sich seiner Stärke bewusst zu sein. Wir brauchen ein ausgeprägtes Stärkenbewusstsein, um in unserem Leben siegreich sein zu können. Die Konkurrenz ist groß. Du musst dir daher deiner Stärken absolut bewusst sein. Du musst deine gottgegebenen Talente kennen und deine Fähigkeiten nutzen. Ein gesundes Selbstbewusstsein, das auf die Stärken deiner Persönlichkeit aufbaut, ist ein wichtiger Grundstein für ErVOLLg. Du musst überzeugt sein von deinen Potenzialen und deiner Fähigkeit zum Sieg. Ohne dich dessen zu brüsten. Wenn sich jemand wegen seiner Stärken ständig anderen gegenüber brüsten muss, weiß ich ganz genau, dass es mit seinen Stärken nicht so weit her sein kann. Wenn du selbst wirklich stark bist, hast du auch keine Probleme damit, die Stärken anderer wirklich zu respektieren. Ja, du kannst dich mit den anderen sogar freuen über deren Stärken, denn wenn du dir deiner Stärken absolut bewusst bist, kennst du auch deinen Platz in der Gesellschaft und weißt daher auch, dass dir die Stärken der anderen zugute kommen, wenn du diese zu deiner Problemlösung brauchst. Wenn du dir deiner Stärken bewusst bist, bleibt auch kein Raum, sich vor anderen zu fürchten. Du wirst dich mit den anderen gegenseitig ergänzen.

ERMUTIGUNG FÜR HEUTE

Finde deine persönlichen, gottgegebenen Stärken in deinem Leben.
Konzentriere dich auf die Verstärkung deiner Stärken
und nicht auf die Eliminierung deiner Schwächen.
In dem Maße, wie du deine Stärken verstärkst, werden
deine Schwächen schwächer. Und deine Sicherheit wächst.

TAG **8**

»Die Lebensqualität eines Menschen steht im direkten Zusammenhang mit seinem Nutzen, den er anderen stiftet, egal, in welchem Beruf er tätig ist«
Vince Lombardi

Diese Aussage von Vince Lombardi ist unumstößlich und wahr. Lebensqualität ist eine Frage der Ernte. Wenn du anderen Menschen Nutzen stiftest und diese Menschen zufrieden stellst, kommt die entsprechende Gegenleistung. Das stimmt in jedem Beruf und in jedem Bereich des Lebens. Wenn für dich Lebensqualität eine Frage der inneren Zufriedenheit ist, dann kann ich nur sagen: Zufriedene Kunden und begeisterte Fans deiner Leistung bringen dir deine innere Zufriedenheit. Wenn für dich Lebensqualität eine Frage materieller Besitztümer ist und materieller Freuden, dann kann ich nur sagen: Zufriedene Kunden und begeisterte Fans deiner Leistung zahlen deine Rechnung gerne und sie zahlen gut. Denn ein guter Dienst bringt einen guten Ver-Dienst. Wer gut dient, wird immer gut ver-dienen, das ist ein alter Hut. Wenn du gerne eine höhere Lebensqualität haben möchtest – egal, was du immer darunter verstehen magst – hier gebe ich dir einen Tipp: Konzentriere deine Energie nicht auf das Schaffen dieser höheren Lebensqualität. Konzentriere deine Energie lieber auf die Erhöhung des Nutzens für deine Kunden, steigere den Nutzen mit allen verfügbaren Mitteln und deine eigene Lebensqualität ist die automatische Folge (Ernte)!

ERMUTIGUNG FÜR HEUTE

Werde ein Nutzenstifter. Egal, was dein Beruf ist, denke immer zuerst an den Nutzen deiner Kunden. An den Nutzen deines Nächsten. Investiere deine Energie in einen höheren Nutzen aus deiner Leistung. Um deine eigene Lebensqualität brauchst du dich dann nicht mehr zu sorgen.

»Das Einzige, was schlimmer sein könnte als die Verhärtung des Herzens, ist ein unentschlossener Verstand.«
Theodore Roosevelt

Unlängst las ich, dass ein bekannter Politiker sagte: Die schlimmste Krankheit der heutigen Zeit sei nicht Aids, Krebs oder andere unheilbare Seuchen, sondern die schlimmste Seuche der heutigen Zeit sei ein verhärtetes Herz. Und ich kann dem nur zustimmen. Menschen, die ihr Herz verhärtet haben und nicht bereit sind, diesen Zustand zu verändern, leben ein elendiges Leben. Sie sind bitter, unzufrieden und meist äußerst hoffnungslos. Ist auch klar, denn die heilenden und motivierenden Kräfte Gottes wie Glaube, Hoffnung und Liebe können ein verhärtetes Herz nicht erreichen. Ein verhärtetes Herz ist genauso unfruchtbar für die guten Früchte wie eine Betonstraße für ein Weizenkorn. Dieses kann keine Frucht bringen, wenn es nicht aufgenommen wird. Aber da ist noch etwas, was sogar schlimmer sein könnte als ein verhärtetes Herz. Das ist ein unentschlossener Verstand. Wenn dein Herz verhärtet ist, bleibt es unfruchtbar. Aber es kann auch sein, dass ein Herz sehr wohl offen ist, willig und voller Güte. Aber der Verstand ist unentschlossen. Der Mensch weiß nicht, was er will. Er ist wankelmütig und wie eine Welle im Meer hin und her getrieben. Daher heißt es im Jakobusbrief im ersten Kapitel: Wenn jemand zweifelt (unentschlossen ist), ist er wie eine Welle im Meer hin und her getrieben. Ein solcher Mensch bilde sich nicht ein, dass er von Gott etwas empfangen wird.

ERMUTIGUNG FÜR HEUTE

Prüfe dein Herz, ob es verhärtet ist.
Wenn ja, öffne es. Es ist zu deinem Vorteil. Prüfe aber auch deinen Verstand, ob du entschlossen bist. Sei ein Mensch voller Entschlossenheit und Hingabe. Und du wirst zum Ziel gelangen.

TAG **10**

»Du kannst einen Menschen nicht unterdrücken, ohne dass du mit ihm auch unten bleibst«
Booker T. Washington

Es gibt leider immer noch Unternehmer und Führungskräfte, die Führung mit Unterdrückung von Menschen verwechseln. Denen das Wohlergehen ihrer Mitarbeiter ganz und gar nicht auf dem Herzen liegt, sondern Menschen und Mitarbeiter ganz einfach nur benützen für die Realisierung ihrer eigenen Ziele. Diese Menschen haben nur kurzzeitigen Erfolg mit dieser Art von „Führung", die gar keine ist. Sie manövrieren sich selbst immer mehr in Schwierigkeiten, weil sie ja dabei ganz vergessen, dass sie – wenn sie andere Menschen dauerhaft unterdrücken wollen – ja selbst dabei auch unten bleiben müssen und nicht zur Spitze kommen können.

Führung hat nichts mit Unterdrückung von Menschen zu tun. Führung heißt, andere Menschen zum ErVOLLg führen. Anderen Menschen helfen, ihre Ziele zu erreichen und Wünsche zu erfüllen. Führung heißt, andere Menschen in die Fülle führen. Führung heißt, auf dem Weg zur Spitze vorausgehen und andere Menschen an die Spitze führen. Wenn du andere Menschen (Mitarbeiter, Kunden, Bekannte) an die Spitze führst, bist du ganz automatisch auch an der Spitze. Zig Ziglar beendet seine Vorträge alle mit dem Satz: „See you at the top!" Das heißt, wir werden beide (alle) ganz oben sein. Und ganz oben ist einfach kein Platz für Unterdrückung.

ERMUTIGUNG FÜR HEUTE

Mache dir bewusst, was Führung heißt.
Wenn du dir Führerqualitäten aneignest und ein klares Ziel vor Augen hast, wirst du bald ein Führer sein. Ein Führer geht voraus.
Freue dich am ErVOLLg anderer Menschen und hilf ihnen dabei.

»Ich hatte mich so lange geärgert, weil ich keine Schuhe hatte, bis ich jemanden sah, der keine Füße hatte.«

Viele Leute ärgern sich über all das, was sie nicht haben, aber so gerne hätten. Es gibt Leute, die reden immer nur von dem, was ihnen fehlt. Sie sprechen über ihren Mangel und wundern sich, dass sie damit niemals fertig werden. Sie können damit auch nie fertig werden, denn es gibt immer wieder etwas, was sie gerne hätten. In der Aussage der Überschrift liegt sehr viel Weisheit. Die Weisheit liegt insbesondere darin, dass wir mehr Geist der Dankbarkeit haben sollten und die Dankbarkeit unser Herz erfreut.

Du bist vielleicht mit dem, was du heute hast, nicht ganz zufrieden und willst mehr. Denk aber doch mal daran, dass es Menschen gibt, die dich und deine Besitzsituation als „reich" bezeichnen würden. Die froh sein würden, wenn sie nur einen Bruchteil von dem besäßen, was für dich schon so selbstverständlich geworden ist. Ich kann dir nur aus eigener Erfahrung sagen: Als ich anfing, Gott dafür zu danken, was ich bereits hatte und aufhörte darüber zu reden, was ich nicht habe, aber gerne möchte, begann in meinem Leben ein großer, positiver Wandel. Auf einmal wurde es immer leichter, die Dinge zu bekommen, die ich mir wünschte, weil Gott nun auf meiner Seite war. Denk an deine Kinder: Wenn deine Kinder dankbar sind für das, was du ihnen gibst, gibst du gerne mehr. Wenn sie nie zufrieden sind, verlierst du als Vater/Mutter die Motivation, weiter zu geben. Undankbarkeit ist ein böses Übel.

ERMUTIGUNG FÜR HEUTE

Sei ein dankbarer Mensch. Beginne Gott dafür zu danken, was er bisher in dein Leben investiert hat und dir gegeben hat. Danke Ihm für all die Dinge, die dir so selbstverständlich geworden sind und du wirst glücklicher und zufriedener werden.

TAG 12

»Menschen, die sich in ihrem Leben verloren haben, tendieren dazu, Menschen nachzufolgen, die sich in ihren Theorien verloren haben.«

Es scheint so, dass sich viele Menschen in der heutigen Zeit in ihrem Leben selbst verloren haben. Menschen, die einfach dahinleben, einen Tag nach dem anderen und wenn man sie nach dem Sinn ihres Lebens fragt, gar nicht recht wissen, was sie antworten sollen.

Ein anderes Indiz, dass sich viele Menschen verloren haben, ist die Tatsache, dass heutzutage so viele Menschen irgendwelchen Theorien und Philosophien nachlaufen und sich darin so verirren, dass sie sich sogar totlaufen. Theorien sind eben nur Theorien und nicht die Wahrheit. Eine **Theorie** ist etwas, wovon ich genau weiß, dass es **nicht die Wahrheit** ist, aber ich habe mir mangels Wahrheit zu einem Thema eine Meinung gebildet. Und viele Menschen sind so beschäftigt in ihren Theorien, dass sie sich tatsächlich darin verlieren. Wenn eine Theorie Wahrheit wäre, müsste man sie nicht Theorie nennen, sondern man könnte sie Wahrheit nennen. Genauso ist es mit den vielen Philosophien, denen die Menschen nachlaufen. Eine Philosophie jagt die andere, man fällt von einer in die andere. Philosophien haben sehr oft die Eigenschaft, den Verstand von Menschen so zu vernebeln, dass sie tatsächlich darin sich selbst verlieren. Wenn eine Philosophie Wahrheit wäre, bräuchte man sie nicht Philosophie zu nennen. Auch wenn sich viele Menschen in einem Irrtum einig sind, macht dies den Irrtum noch lange nicht zur Wahrheit.

ERMUTIGUNG FÜR HEUTE

Höre auf mit den Philosophien und Theorien. Gib der Wahrheit eine Chance in deinem Leben. Jesus Christus sagt: Ich bin der Weg, die Wahrheit und das Leben. Wenn du Ihn gefunden hast, bist du nicht mehr verloren. Jesus Christus ist kein Lügner.

TAG 13

»Sorgt euch um nichts, sondern bringt in jeder Lage eure Bitten mit Dank vor Gott.«

Philipper 4:6

Sorgt euch um nichts. Diese Aufforderung klingt für manche Menschen sehr fremd. Manche Menschen sind den ganzen Tag über so beschäftigt mit Sorgen, dass sie zu keiner fruchtbaren Arbeit kommen. Sie „versorgen" buchstäblich den ganzen Tag und wundern sich dann, dass wieder nichts geschehen ist und sich ihre Lage nicht verbessert, sondern verschlechtert. Denn, wenn man keine Zeit hat, etwas Produktives zu denken und zu tun, wird es ja tatsächlich von Tag zu Tag schlechter. Kennt jemand jemanden, den die Sorgen des Alltags fast auffressen? So genannte Weltmeister im Sorgen? Sie erleben keine Freude. Sie ärgern sich sogar noch darüber, wenn man nicht bereit ist, mit ihnen ihre Sorgen zu teilen. Gott sagt doch: Freut euch allezeit im Herrn. Jesus sagt, dass unsere Freude vollkommen sein soll. Wie kann die Freude vollkommen sein, wenn wir uns von den Sorgen „auffressen" lassen. Manche sagen dann verteidigend: „Ja, man muss sich ja über das Morgen Gedanken machen." Ja, das schon, aber das sind zwei verschiedene Paar Schuhe. Das eine ist Planung in weiser Voraussicht, in Freude und Zuversicht. Das andere ist Sorgen über etwas, was möglicherweise niemals eintritt und gar nicht kontrollierbar ist.

Daher sagt Gott, und es ist ein Gebot und keine Empfehlung: „Sorget euch nicht!" Und er sagt das mehrmals an verschiedenen Stellen der Bibel.

ERMUTIGUNG FÜR HEUTE

Wenn du mit Sorgen geplagt bist, höre auf darüber nachzudenken. Konzentriere dich auf die positiven Dinge des Lebens: deine bisherigen Erfolge und Siege, deine Stärken und Fähigkeiten. Dann wächst deine Zuversicht und die unnötigen Sorgen haben keinen Platz mehr.

TAG 14

**»Denn der Herr gibt Weisheit,
aus seinem Munde kommen Erkenntnis und Einsicht«**
Sprüche 2:6

Wundere dich nicht, wenn ich so viel von der Bibel zitiere und darüber schreibe. Ich gehörte auch einmal zu jenen, die in allen möglichen Theorien und Philosophien verstrickt waren, die mit eigener Kraft den „Erfolg" herbeiziehen wollten. Aber 1982 habe ich eine Entscheidung getroffen. Diese Entscheidung war einfach. Ich gab Gott, Jesus Christus und dem Hl. Geist eine Chance in meinem Leben. Ich erkannte, dass die Weisheit der Menschen nicht ausreicht, um ein Menschenleben in die Fülle zu bringen. Ich erkannte auch, dass aus dem Munde von Menschen – denen ich so lange zugehört habe – nicht jene Erkenntnis und Einsicht kommt, die ich so dringend brauchte. So hörte ich von einem Geschäftsmann, dass es auch einen besseren Weg gäbe und der heiße: Jesus Christus. Und ich sagte ganz einfach: „Herr Jesus Christus, wenn du wirklich lebst und für mich ein Werk ewiger Erlösung getan hast, dann bitte ich dich, komm in mein Leben." Und er tat es. Er veränderte mich ganz und gar, von Grund auf und gab mir auch Seine Weisheit. Ich begann die Bibel zu lesen und erfuhr dadurch aus Seinem Munde Erkenntnis und Einsicht. Mit mir brauchst du darüber nicht mehr zu diskutieren. Wer gefunden hat, hört auf zu suchen. Ich habe gefunden und seither weiß ich, dass die Bibel das Wort Gottes ist.

ERMUTIGUNG FÜR HEUTE

Triff eine klare Entscheidung. Nimm das Angebot Gottes an, das in Jesus Christus liegt. Es wird dein Leben positiv revolutionieren. Denn wenn die Weisheit Gottes in deinem Leben wirkt, kann es nicht mehr dasselbe sein. Eine neue Schöpfung ist heute für dich möglich.

»Nie sollen Liebe und Treue dich verlassen, binde sie dir um den Hals, schreibe sie auf die Tafel deines Herzens. Dann erlangst du Gunst und Beifall bei Gott und den Menschen.«
Sprüche 3:3-4

Liebe und Treue sind Eigenschaften, die zum ErVOLLg führen. Kennst du auch Leute, die alles tun und unternehmen, um den Beifall der Menschen zu bekommen? Viele von ihnen wählen dabei die untauglichsten Mittel und wundern sich dann, dass der Beifall ausbleibt oder sehr spärlich ausfällt. Jeder von uns möchte auch gerne die Gunst der Menschen gewinnen. Und daran ist nichts Falsches, sofern dies auf die richtige Weise getan wird. Aber eines ist noch viel wichtiger als die Gunst und der Beifall der Menschen. Und das ist Gunst zu haben beim allmächtigen Gott und auch Seinen Beifall. Du sagst vielleicht, das sei nicht möglich. Oder du meinst vielleicht, dies kann man ja nie wissen, ob man bei Gott Gunst und Beifall hat. Die heutige Kernaussage ist direkt dem Worte Gottes entnommen. Er sagt, wenn uns Liebe und Treue nicht verlassen, wenn der Wandel in Liebe unseren Mitmenschen gegenüber uns wirklich ein Herzensanliegen ist und uns fest ins Herz geschrieben ist, dann haben wir die Gunst Gottes und die Gunst der Menschen. Mit Liebe und Treue, wie eingraviert in unser Herz und täglich gelebt, haben wir jedoch nicht nur die Gunst Gottes, sondern auch die Gunst der Menschen. Und sogar deren Beifall.

ERMUTIGUNG FÜR HEUTE

Bewahre Liebe und Treue bei allem, was du tust. Auch wenn es nicht in ist, treu zu sein den Mitmenschen gegenüber und in jeder Situation in Liebe zu agieren, tue (lebe) es trotzdem. Der Lohn ist groß.

TAG 16

»Jedes Problem beinhaltet den Samen für seine eigene Lösung.«
Dr. Norman V. Peale

Viele Menschen sind so problemorientiert in ihrem Denken, dass sie von jedem auftretenden Problem so gefangen sind, dass sie keinen klaren Gedanken mehr fassen können. Wir leben in einer Welt voller Probleme, das stimmt. Es gibt auch keinerlei Verheißung Gottes darüber, dass wir ein problemfreies Leben haben können. Probleme sind eben ein Teil unseres Lebens. Der Bürgermeister deiner Stadt und der Portier im Krankenhaus haben eines gemeinsam: Sie begegnen täglich Problemen, die es zu lösen gilt. Natürlich kann man sich von den Problemen auch unterkriegen lassen und aufgeben, aber das ist nicht die richtige Reaktion. Der Unterschied zwischen dem Bürgermeister deiner Stadt und dem Portier im Krankenhaus ist der: Sie reagieren wahrscheinlich unterschiedlich auf die auftretenden Probleme. Der Unterschied zwischen einem erfolgreichen Menschen und einem nicht erfolgreichen liegt in den allermeisten Fällen darin, wie sie auf die auftretenden Probleme reagieren. Bist du **problem**orientiert oder **lösungsorientiert?** Ich habe mir vor vielen Jahren angewöhnt, auf Probleme in der Weise zu reagieren, dass ich immer sofort zwei Fragen stelle: Erstens, wo ist in diesem Problem der Lösungsansatz? Und zweitens: Wo liegt die Chance in diesem Problem? Jedes Problem beinhaltet in sich selbst das Samenkorn für die Lösung. Suche es, bevor du dich entmutigen lässt.

ERMUTIGUNG FÜR HEUTE

Mache die auftretenden Probleme zu einem Sprungbrett für ein besseres Leben. Ein Problem ist für viele ein Stolperstein. Für dich sollen deine Probleme ab sofort ein Sprungbrett sein - in ein besseres Leben. Der Same dafür liegt im Problem.

»Bete nicht um eine leichtere Last, bete lieber für einen stärkeren und breiteren Rücken.«

Diese Aussage ist lebensverändernd, wenn du dazu bereit bist, dies zu tun. Wenn du Menschen zuhörst, wie sie beten, dann hörst du sehr oft: „Bitte Herr, mach meine Last leichter. Bewahre mich vor Problemen, gib mir bitte ein leichteres Joch." Zumindest ist es ein Gebet, obwohl es sicherlich bessere, effizientere Gebete gibt. Viele Menschen beten ja heutzutage überhaupt nicht mehr, sondern beklagen sich nur bei jedermann über die Schwierigkeiten des Lebens. Klagen und Kritisieren hat noch nie eine Last leichter gemacht. Ich bin gar nicht so sehr daran interessiert, dass meine Last leichter wird. Mir ist viel lieber, wenn ich einen stärkeren und breiteren Rücken bekomme, um die Lasten leichter tragen zu können und noch größere Herausforderungen annehmen zu können. Wenn man nämlich bereit und in der Lage ist, größere Herausforderungen anzunehmen, dann sind auch die Siege größer! Und ich bin an größeren Siegen interessiert, nicht an leichteren Lasten, die mir nur ein mittelmäßiges Leben bringen.

Das Wichtigste ist dies: Gott sagt, wir sollen Sein Joch auf uns nehmen und dieses Joch (Last) wird leicht sein. Denn wenn du ein Joch trägst, das genau mit dem Auftrag Gottes für dich übereinstimmt, dann passt es für dich. Und wenn ein Joch genau passt, dann drückt es nicht. Und wenn es nicht drückt, ist es leicht zu ertragen. Ich bin bereit, große Herausforderungen anzunehmen. Du auch?

ERMUTIGUNG FÜR HEUTE

Höre auf über deine Situation und deine Umstände zu jammern. Konzentriere dich vielmehr darauf, den Willen deines Schöpfers immer genauer kennen zu lernen und deine Leistungsfähigkeit wird enorm zunehmen. Deine Lasten werden in Freude und Sieg verwandelt.

TAG 18

»Du kannst in zwei Monaten mehr Freunde gewinnen, indem du dich wirklich für andere Menschen interessierst, als du in zwei Jahren finden wirst, wenn du versuchst, andere Menschen für dich zu interessieren.«
Dale Carnegie

Kennst auch du Menschen, die ständig auf der Suche sind nach Freunden? Sie möchten neue Freunde gewinnen. Und daran ist grundsätzlich nichts Falsches. Möchtest auch du mehr und neue Freunde finden? Ja? Dann höre gut zu!

Viele Menschen schauen aus nach Freunden und wundern sich, dass es sehr schwierig ist, andere Menschen für sich zu interessieren. Sie möchten gerne Freunde haben, vergessen dabei aber ganz, dass auch andere Freunde suchen. Solange du mehr daran interessiert bist, dass sich jemand für dich interessiert und **du** im Mittelpunkt des Geschehens stehst, wird es schwierig sein, die richtigen und wirklichen Freunde zu finden.

Dreh doch mal den Spieß um! Beginne, anderen Menschen ein Freund zu sein. Interessiere dich für deine Mitmenschen und deren Probleme und Schwierigkeiten, deren Ziele und Wünsche, deren Interessen und du wirst feststellen, dass es dann sehr einfach ist, wirklich Freunde zu finden. Doch du brauchst dazu zwei wichtige Eigenschaften: Bereitschaft zum geduldigen Zuhören und Hintanstellen deines eigenen Egoismus.

ERMUTIGUNG FÜR HEUTE

Beginne, dich für jene Menschen zu interessieren, die du gerne zum Freund haben möchtest. Rede nicht über dich selbst, sondern höre zu, was diese zu sagen haben. Hilf ihnen bei der Erfüllung ihrer Wünsche und Ziele und du wirst genügend echte Freunde finden.

»Mit ganzem Herzen vertrau auf den Herrn, baue nicht auf eigene Klugheit. Such IHN zu erkennen auf all deinen Wegen, dann ebnet er selbst deine Pfade.«

Willst du im Leben geebnete Pfade haben? Hier ist die Lösung. Wer wünscht es sich nicht, dass die Pfade seines Lebens geebnet sind und nicht zu viele Stolpersteine im Wege sind?

Leider ist es heutzutage nicht mehr in, auf Gott zu vertrauen. Jeder baut auf seine eigene Kraft. Auf seine eigenen Fähigkeiten, auf seine eigene Erfahrungen und auf seine eigenen Möglichkeiten, auf seine eigene Klugheit, sein Know-how und seine Beziehungen. Kennst du jemanden, auf den diese Beschreibung passt?

Wenn du auf dich selbst vertraust und auf deine eigene Klugheit, dann darfst du dich auch nicht beklagen, wenn du dir deine Pfade selbst ebnen musst und die Stolpersteine selbst aus dem Weg zu räumen hast. Gott bietet dir diese Lösung an, wenn du wirklich mit ganzem Herzen auf Ihn vertraust. Leider wurde in den letzten Jahrhunderten nicht mehr viel über Gott gesprochen – insbesondere nicht im Wirtschaftsleben. Aber das heißt noch lange nicht, dass Gott deswegen nicht mehr souverän regiert. Er gab dir einen freien Willen und daher ist es deine Entscheidung, worauf du mehr vertraust: auf dich selbst oder auf Ihn, der das All – und damit auch deine Probleme – im Griff hat.

ERMUTIGUNG FÜR HEUTE

Überlege dir, ob es nicht doch weiser wäre, Gottes Allmacht und Seiner uneingeschränkten Liebe in deinem Leben mehr Platz einzuräumen. Mache Ihn wenigstens zu deinem Geschäftspartner und zu deinem Lebenspartner. Vertraue voll auf Ihn, und Er ebnet deine Pfade.

»Ehre den Herrn mit deinem ganzen Vermögen, mit dem Besten von dem, was du erntest. Dann füllen sich deine Scheunen mit Korn, deine Fässer laufen über von Wein.«
Sprüche 3:9-10

Viele Leute in der heutigen Zeit leben im Mangel. Es fehlt ihnen hier und es fehlt ihnen dort. Sie beklagen sich über die Missstände und sie beklagen sich über die Umstände. Sie sind aber nicht bereit, die Voraussetzungen für ein erfülltes Leben zu erbringen.

Möchtest du gerne, dass sich deine „Scheunen" füllen und dass deine „Fässer" überlaufen?

Möchtest du gerne, dass du ein Leben führen kannst, in dem du wirklich sagen kannst, es ist ein erfülltes Leben? ErVOLLgreich in jeder Beziehung? Dann brauchst du nur die Bedingungen dafür zu erfüllen. Genauso, wie es auch in anderen Bereichen des Lebens ist: Bedingungen müssen erfüllt werden, sonst kann man die Früchte nicht genießen.

Was sind aber die Bedingungen für ein erfülltes Leben? Eine der wesentlichsten Bedingungen ist, dass du deine Prioritäten richtig reihst, insbesondere auch, wenn es darum geht, was du mit deinem „Vermögen" tust. Vermögen ist mehr als nur Geld. Zu deinem Vermögen gehören auch deine Talente und Fähigkeiten, deine Zeit und deine Möglichkeiten, kurz alles, was du „vermagst".

ERMUTIGUNG FÜR HEUTE

Setze Gott in allen Bereichen deines Lebens an erster Stelle. Ehre Gott mit deinem Vermögen. Gib dein Leben hin für die Dinge Gottes. Nicht nur dein Geld, auch deine Zeit. Investiere dort, wo der Auftrag Gottes – den Menschen die Gute Nachricht zu bringen – wirklich ausgeführt wird. Dein Lohn wird groß sein.

TAG 21

»Kundenreklamationen sind die Schulbücher, aus denen wir lernen, unsere eigenen Unzulänglichkeiten zu beseitigen«

Ich habe vor Jahren einmal bei einem meiner Seminare einen Unternehmer kennen gelernt, der sagte mir Folgendes:

Die liebste Abteilung in meinem Hause ist mir die Reklamationsabteilung. Ich glaubte, nicht richtig zu hören, denn bislang hatte ich immer nur gehört und auch die Meinung vertreten, dass Reklamationen etwas Unangenehmes sind. Insbesondere dann, wenn diese von wichtigen Kunden kommen. Da ich eben glaubte ihn missverstanden zu haben, fragte ich nochmals nach: „Was gefällt ihnen denn so an den Kundenreklamationen? Sie müssen ein bisschen pervers sein."

Eine ehrliche Frage: Wie ist denn deine Einstellung zu den Kundenreklamationen?

Aber der besagte Unternehmer hat Recht. Er sagte, dass er aus den Reklamationen der Kunden das meiste lernt. Er lernt daraus, wo die Leistung verbesserungswürdig ist. Er lernt daraus, wo der Kundennutzen noch nicht optimal ausgeprägt ist. Er lernt daraus, in welche Richtung sich die Kundenbedürfnisse verändern. Er lernt daraus, in welcher Abteilung intern die größten Engpässe herrschen und daher der Hebel anzusetzen ist. Und er macht durch optimale Reklamationsbehandlung seine Kunden nicht nur zu zufriedenen Kunden, sondern sogar zu Freunden.

ERMUTIGUNG FÜR HEUTE

Ärgere dich nicht mehr über Kundenreklamationen, sondern frage dich nach deinen eigenen Verbesserungsmöglichkeiten. Wo kann der Nutzen verbessert werden? Und tue alles, um deine Kunden zu Freunden zu machen. Leben heißt Lernen.

TAG 22

»Angst und Furcht bringen den Menschen weiter als Mut und Courage, aber leider in eine andere Richtung.«

Wenn ich heutzutage mit Menschen spreche, höre ich immer mehr, dass Angst und Furcht zunehmend dominieren und Mut und Courage immer seltener zu finden sind. Viele Menschen schauen voll Sorge in das neue Jahrtausend und fragen sich, was dieses 21. Jahrhundert wohl wirklich bringt. Die Ungewissheiten wachsen und die Unsicherheiten steigen. Angst und Furcht vor der Zukunft ist die Folge. Du sagst vielleicht: „Lieber unternehme ich nichts und kann daher auch in dieser unsicheren Situation nichts falsch machen, bevor ich kühn und mutig die Dinge angreife und es dann doch vielleicht nicht so funktioniert. Ich möchte ja keine Misserfolge erleben und mich auch nicht blamieren."

Aber genau das ist das Schlimmste, was du tun kannst. Angst lähmt, Furcht macht schwächer und schwächer und schwächer. Wenn du gelähmt bist, bleibst du automatisch zurück. Und nicht nur das, du fällst im Vergleich zu den Vorwärtsstrebenden immer weiter zurück. Deshalb heißt es auch in unserer heutigen Kernaussage, dass Angst und Furcht dich weiter bringen als Mut und Kühnheit, leider in die falsche Richtung. Willst du vorwärts kommen, dann musst du anpacken. Willst du siegen, dann musst du etwas wagen. Willst du deine Pläne realisieren und deine Wünsche erfüllen, dann musst du dein Leben in die Hand nehmen und zupacken.

ERMUTIGUNG FÜR HEUTE

Sie mutig und stark. Fürchte dich nicht und hab keine Angst.
Gehe vorwärts und sei bereit, die Herausforderungen des Lebens
anzunehmen und anzupacken. Gott verlässt dich nicht,
wenn ER sieht, dass du ganz auf IHN vertraust.

»Nicht ‚wer HAT Recht' ist die entscheidende Frage im Leben, sondern ‚was IST recht?'«

Es wird im Leben mancher Menschen zu viel um Kleinigkeiten gestritten. Egal, ob es um einen Ehestreit geht oder um Meinungsverschiedenheiten in geschäftlichen Dingen. Eigentlich sind es immer die Details, die Menschen auf die Palme treiben. Und dabei spielt der persönliche Stolz des Einzelnen immer eine große Rolle, eine übertriebene Rolle. Viele Menschen haben Probleme damit, Fehler zuzugeben. Sie haben zwar mittlerweile in einer Sache erkannt, dass sie falsch gelegen haben, aber bevor sie den Irrtum freimütig eingestehen, versuchen sie lieber, mit an den Haaren herbeigezogenen Argumenten herauszuarbeiten, dass sie eigentlich ja doch Recht hätten, aber ...? Stolz ist hier im Spiel. Stolz kommt vor dem Fall. Es wird zu viel darüber gesprochen, wer Recht hat, statt dass man sich in den auftretenden Situationen die Frage stellt, was recht ist.

Menschliche, persönliche Größe zeigt sich darin, ob ein Mensch bereit ist, seine Irrtümer einzugestehen. Wir alle befinden uns oft im Irrtum. Das kann passieren und ist Teil des Lebens. Aber warum sollen wir immer einen Irrtum verteidigen, wenn wir schon wissen, dass es ein Irrtum ist? Wenn du ständig damit beschäftigt bist, dein Gesicht zu wahren, ist das für mich ein untrügliches Zeichen dafür, dass du es bereits verloren hast.

ERMUTIGUNG FÜR HEUTE

Sei mehr darauf ausgerichtet, die Wahrheit festzustellen, als darauf, dein Gesicht nicht zu verlieren. Der Gesichtsverlust ist die Folge vom Verteidigen eines Irrtums, wenn doch bereits jeder weiß, dass es ein Irrtum ist. „Was ist recht?", dies sollte deine Frage sein bei der Aufklärung von Meinungsverschiedenheiten.

TAG 24

»Die meisten Menschen planen ihren Urlaub besser als ihr Leben.«

Gehörst du auch zu jenen Menschen, die durchs Leben gehen, ohne zu wissen wohin? Die Welt ist voll mit solchen Menschen. Umfragen haben ergeben, dass 97% der Menschen auf die Frage, was das Ziel ihres Lebens sei, keine überzeugende Antwort geben können. Ja, es gibt sogar Menschen, die nicht einmal wissen, was Leben ist. Sie existieren ganz einfach dahin, von einem Tag auf den anderen, sie lassen sich treiben von den Einflüssen der Umgebung, von den Umständen, von den Situationen, von der Meinung anderer Menschen etc. etc., haben aber noch nie genau darüber nachgedacht, was eigentlich das Ziel ihres Lebens ist. Natürlich gibt es dann auch noch die, die nur dahinvegetieren und warten, bis „etwas geschieht".

So soll es nicht sein. Das Wichtigste in unserem Leben ist, dass wir auch wissen, warum. Und nicht nur warum, sondern auch wozu. Das Ziel ist wichtiger als der Weg. Ist es nicht paradox, dass Menschen ihren Urlaub besser planen als ihr Leben? Ist es nicht paradox, dass Menschen in eigentlich unwichtigen Bereichen mit professioneller Genauigkeit und professionellen Methoden Planungen durchführen und deren Ausführung genau überwachen, aber wenn es ums Wichtige geht, das eigene Leben und sein Ziel, dann wird herumgeredet und man stellt schnell fest, dass der Sinn und das Ziel des Lebens noch nicht gefunden sind.

ERMUTIGUNG FÜR HEUTE

Plane dein Leben. Nimm dir Zeit, dich damit zu beschäftigen, wohin du eigentlich gehst. Das Wohin ist viel wichtiger als das Woher ich gekommen bin. Gib deinem Leben Fundament, eine gute Planung und die richtigen Wertmaßstäbe. Und das Haus deines Lebens wird ein Haus, das Freude bereitet.

»Was recht ist, ist recht und was falsch ist, ist falsch. Mit Integrität lassen sich keine Kompromisse machen.«

Kompromisse lassen sich mit der Wahrheit nicht schließen. Viele Menschen sind Weltmeister im Kompromisseschließen. Sie schließen Kompromisse mit jeder Situation, jeder Frage, jedem Menschen – nur um des „lieben Friedens willen". Und sie wundern sich dann, dass ihr ganzes Leben ein einziger Kompromiss wird – ohne Fundament.

Auch wenn noch so viele kluge Menschen sich in einem Irrtum einig sind, macht dies den Irrtum noch lange nicht zur Wahrheit. Die Integrität eines Menschen, seine Moral, seine Ethik, sein Charakter, seine Verlässlichkeit, seine Vertrauenswürdigkeit sind viel wichtiger als seine fachlichen Fähigkeiten. Menschen, die wissen, was recht ist und damit keine Kompromisse schließen, kommen viel weiter im Leben als jemand, der zwar außergewöhnliche Fähigkeiten in einem Fachgebiet besitzt, aber keine persönliche Integrität. Was recht ist, ist recht und was falsch ist, ist falsch. Da gibt es keine Kompromisse. Warum heutzutage so viele Kompromisse geschlossen werden, liegt meines Erachtens darin, weil viele Menschen gar nicht wissen, was recht ist. Sie haben eigentlich keinen gültigen Wertmaßstab. Sie messen mit verschiedenen Maßstäben, jeweils entsprechend der Situation oder entsprechend den dabei involvierten Personen. Wenn du einen gültigen Wertmaßstab suchst, die Bibel ist das unabänderbare Wort Gottes. Die Wahrheit. Damit lassen sich keine Kompromisse schließen.

ERMUTIGUNG FÜR HEUTE

Finde heraus, was recht ist. Bilde dir ein Fundament der Wahrheit. Schließe keine fadenscheinigen Kompromisse, nur weil du den Weg des geringsten Widerstandes gehen möchtest. Der Weg des geringsten Widerstandes führt dich nicht ans richtige Ziel.

TAG 26

»Weisheit zu erwerben ist besser als Silber,
Weisheit zu gewinnen ist besser als Gold.«
Sprüche 3:14

Dies ist eine klare Aussage und wenn du in den Sprüchen die weiteren Verse weiterliest, wirst du sehen warum. Weisheit ist eben der Anfang. Lass uns die weiteren Verse zitieren:

15: Sie (die Weisheit) übertrifft die Perlen an Wert, keine kostbaren Steine kommen ihr gleich.

16: Langes Leben birgt sie (die Weisheit) in ihrer Rechten, in ihrer Linken Reichtum und Ehre.

17: Ihre (der Weisheit) Wege sind Wege der Freude, all ihre Pfade führen zum Glück.

18: Wer nach ihr greift, dem ist sie ein Lebensbaum, wer sie festhält, ist glücklich zu preisen.

Es geht hier nicht um die Weisheit der Menschen, es geht hier um die Weisheit Gottes!

Du fragst vielleicht: „Aber ich kann doch die Weisheit Gottes nicht haben?" Aber Gott sagt doch im Jakobusbrief 1:5: „Fehlt es einem von euch an Weisheit, soll er sie von Gott erbitten. Gott wird sie ihm geben. Denn er gibt allen gern und macht niemand einen Vorwurf."

ERMUTIGUNG FÜR HEUTE

Bitte Gott um Weisheit. Gottes Weisheit ist das höchste Gut, das du besitzen kannst. Alles andere ist die Folge.
Bitte aber voll Glauben und zweifle nicht, denn wer zweifelt, bilde sich nicht ein, etwas zu empfangen (Jakobus 1:7).

»Menschen, die nie mehr tun als das, wofür sie bezahlt werden, werden auch niemals überdurchschnittlich bezahlt werden für das, was sie tun.«

Ich hatte einmal einen Mitarbeiter vor ca. 30 Jahren. Als ich ihn dabei ertappte, nichts zu tun und ihn zur Rede stellte, sagte er mir: „Für diesen Lohn, den du mir bezahlst, ist ja höchstens die Anwesenheit bezahlt." Dieser Mann lebt heute noch in denselben Verhältnissen wie damals – er ist keinen Schritt weitergekommen.

Kennst du auch Menschen, die nicht bereit sind, mehr zu tun als wofür sie bezahlt werden? Leider gibt es viel zu viele. Sie möchten immer gerne zuerst mehr haben, bevor sie auch mehr tun. Das käme mir vor wie ein Bauer, der immer zuerst ernten möchte, bevor er bereit ist zu säen. Das Gesetz von Saat und Ernte ist das Grundprinzip eines erfüllten Lebens. Geben ist das Erste, Empfangen die Folge.

Wenn du gerne einen höheren Lohn für deine Arbeit haben möchtest, beginne ganz einfach, deine Leistung zu verbessern. Beginne einfach, das zu leisten, zu bringen, zu tun, wofür du gerne bezahlt werden möchtest. Gib du zuerst dein Bestes, dann wirst du auch dementsprechend ernten. Du sagst vielleicht, das funktioniert aber im Wirtschaftsleben nicht. Ich aber sage dir, dass es sehr wohl funktioniert. Nur musst du zuerst den Beweis erbringen, dass du damit auch durchhältst und es nicht nur als Lohnerhöhungsmethode anwendest. Der, der dich besser bezahlen sollte, muss zuerst sehen, dass deine Motivation und das Ergebnis deiner Arbeit stimmt.

ERMUTIGUNG FÜR HEUTE

Schaue nicht immer zuerst darauf, was du bekommst. Schaue zuerst darauf, was du geben kannst. Geben ist immer der Anfang. Dienen kommt vor Verdienen. Ein hoher Ver-Dienst ist die Folge eines überdurchschnittlichen Dienstes.

TAG 28

»Es ist unmöglich, ein gebildeter Mensch zu werden, wenn man nur das lernen will, was einem gefällt.«

Was ist dir lieber? Ein eingebildeter Mensch, ein verbildeter Mensch oder ein gebildeter Mensch? Wo liegt denn eigentlich der Unterschied?

Ein eingebildeter Mensch ist einer, der zwar von sich selbst glaubt, die Weisheit mit dem Löffel gegessen zu haben, aber eigentlich einer großen Lüge aufgesessen ist. Er bildet sich ein, gebildet zu sein, aber wenn der Test des Lebens kommt, wird sein wirkliches Gesicht sichtbar. Unfähig, Probleme zu lösen.

Ein verbildeter Mensch ist einer, der zwar in seinem Verstande eine Menge Information aufgenommen hat – und das noch dazu von vielen verschiedenen Fachgebieten, teilweise sich selbst widersprechend – aber wenn der Test des Lebens kommt, fällt ihm die richtige Antwort nicht ein. Unbeholfenheit durch Verbildung, wenn es um praktische Lebenssituationen geht.

Ein gebildeter Mensch ist einer, der sich in jeder Lebenslage zurechtfindet und die Probleme, die sich in den Weg stellen, löst, dadurch ständig dazulernt und dabei kontinuierlich weiterwächst. Intelligenz ist, sich in jeder Lage zurechtzufinden. Wenn du nur tust, was dir gefällt und den unangenehmen Situationen aus dem Weg gehst, wirst du kein gebildeter, intelligenter Zeitgenosse sein. Trotz akademischer Grade.

ERMUTIGUNG FÜR HEUTE

Nimm dein Leben in die Hand und wage dich an die Lösung deiner Probleme heran. Gehe den Problemen nicht aus dem Weg, sondern darauf zu. Suche die Lösung und konzentriere dich auf das Überwinden des Problems. Und du bekommst die Bildung des Lebens.

»Versag keine Wohltat dem, der sie braucht, wenn es in deiner Hand liegt, Gutes zu tun.«

Wie viele Menschen hast du in deinem Leben schon angetroffen, denen du Gutes hättest tun können und die deine Wohltat dringend gebraucht hätten? Jeder von uns begegnet solchen Situationen täglich.

Wir alle sehen täglich viel Not in dieser Welt. Menschen, die dringend Hilfe brauchen. Nicht immer liegt es in unserer Hand, zu helfen. Nicht immer haben wir die Möglichkeit, denen Gutes zu tun, die es brauchen. Und auch jene, die dringend Hilfe brauchen würden, lassen sich nicht immer helfen.

Wenn einer zu dir kommt und um eine Wohltat bittet, versage ihm die Wohltat nicht, wenn es in deiner Hand liegt, zu helfen. Versagen heißt zurückweisen, ablehnen. Wenn wir helfen können und unsere Hilfe auch gewünscht ist, dann sollten wir die Gelegenheit nicht verpassen, die gewünschte Wohltat zu tun. Die Wohltat ist nicht immer etwas Großes, es ist z.B. oft nur ein ermutigendes Wort. Die Wohltat muss nicht notwendigerweise mit finanzieller Unterstützung zu tun haben, meist ist ein starkes Kompliment für manche in einer bestimmten Situation eine bessere Wohltat als Geld oder materielle Hilfe. Wenn du großzügig bist in den vielen Kleinigkeiten des Lebens, bist du ein Sämann, der sicherlich an den Punkt kommt, wo sein Samenkorn aufgeht und reichlich Frucht bringt.

ERMUTIGUNG FÜR HEUTE

Halte Ausschau nach jedem Acker, der dir die Möglichkeit bietet, Gutes zu säen. Du weißt doch, was der Mensch sät, das wird er ernten. Wer reichlich sät, wird reichlich ernten. Wenn du ein Leben der Fülle leben möchtest, beginne noch heute, Gutes zu säen. Die Fülle der Ernte ist die Folge.

TAG 30

»Anfang der Weisheit ist: Erwirb dir Weisheit, erwirb dir Einsicht mit deinem ganzen Vermögen.«
Sprüche 4:7

Die Betonung möchte ich heute auf den letzten Teil dieser Aussage legen. Erwirb dir Weisheit mit deinem ganzen Vermögen. Du bist ein vermögender Mensch! Ob du das glaubst oder nicht, spielt mir keine Rolle. Vielleicht weißt du es nur noch nicht. Ein vermögender Mensch ist nicht notwendigerweise jemand mit einem großen finanziellen Reichtum. Es gibt Menschen, die haben viele Millionen auf der Bank, aber es fehlt ihnen jedes Vermögen, etwas zu „vermögen". Entscheidend ist, ob du etwas vermagst in deinem Leben. Ob du zu etwas imstande bist, was den Menschen Nutzen stiftet. Viele Menschen haben zwar keine finanziellen Mittel, aber sie besitzen Talente, Fähigkeiten und Potenziale, mit denen sie der Menschheit von heute einen gewaltigen Nutzen stiften können. Kennst du deine Talente? Kennst du deine Potenziale? Kennst du dein Vermögen?

Schritt Nr.1: Lerne dein Vermögen kennen. Finde heraus, wozu du imstande bist. Was vermagst du im Leben?

Schritt Nr.2: Setze dein ganzes Vermögen ein, um Weisheit zu erwerben. Mache es dir zum Ziel, Weisheit zu empfangen. Kein Preis ist zu hoch.

Die Folge der Weisheit ist: Reichtum und Ehre und ein langes Leben.

ERMUTIGUNG FÜR HEUTE

Du bist ein vermögender Mensch. Was Gott in dich hineininvestiert hat, ist mehr als du mit Geld kaufen kannst. Lerne es kennen, setze es ein, stifte Nutzen, werde zum Segen und erwirb Weisheit mit deinem ganzen Vermögen.

TAG 31

»Mehr als alles hüte dein Herz,
denn von ihm geht das Leben aus.«
Sprüche 4:23

Ein Freund brachte sein Auto in die Werkstätte zum Ölwechsel. Der Mechaniker füllte irrtümlich die falsche Ölmarke ein und der Autobesitzer musste sich ärgern. Wie kann man auch seinem Auto zumuten, mit einer falschen Ölmarke fahren zu müssen?

Viele Menschen sind sehr kleinlich im Umgang mit materiellen Dingen. Sie haben gewisse Vorstellungen hier und bestimmte Vorstellungen da. Wenn diesen Vorstellungen nicht entsprochen wird, gibt es Streit, Zank, Eifersucht, Unmut usw. Sie legen mehr Wert auf Reinheit ihres Autos, ihres Hauses, ihrer Kleidung als auf die Reinheit ihres Herzens. Der besagte Autobesitzer kann sich z.B. maßlos ärgern über das falsche Öl im Auto, aber gleichzeitig ist er absolut nicht wählerisch bei der Informationsaufnahme. Er liest Schmutz- und Schundliteratur. Er liest Science-Fiction-Romane, die ihn nur vernebeln. Er liest Pornografie. Er schaut absolut unsinnige Filme an und lässt sich vom TV berieseln, ohne zu prüfen, was damit in sein Herz kommt.

Dein Leben von heute ist die Ernte jener Information, die du gestern aufgenommen hast. Wenn du dein Leben verändern willst, verändere das, was du in dein Herz aufnimmst (Information).

ERMUTIGUNG FÜR HEUTE

Hüte dein Herz. Prüfe genau, welche Information du aufnimmst. Dein Herz braucht frohe Botschaften. Ermutigung, Liebe, Zuneigung. Es ist lebensentscheidend. Daher behüte dein Herz vor der falschen Information. Denn von deinem Herzen geht dein Leben aus.

ERLÄUTERUNGEN

UNSERE VISION - UNSER ZIEL:

Es ist unser erklärtes Ziel, Menschen zu helfen erVOLLgREICH ins 3. Jahrtausend zu gehen. Begeistert zu leben in einer frustrierten, oft lieblosen Welt. Das ist gar nicht so selbstverständlich in der heutigen Zeit. Schau dich nur um in deiner Verwandtschaft und Bekanntschaft und du wirst viele Menschen finden, die „es satt haben“, frustriert sind und oft sogar lebensmüde. Das muss nicht so sein. Es gibt eine Alternative. Und die heißt: BEGEISTERT LEBEN in einer frustrierten Welt. Und das alles beginnt bei dir – und nicht beim Nachbarn, beim Chef oder bei den Mitarbeitern. Auch nicht bei den Politikern, sondern bei DIR – für dein Leben.

WAS VERSTEHEN WIR UNTER „ERVOLLG“?

Wir verstehen unter ErVOLLg eine Lebenssituation, in der der einzelne Mensch in der Lage ist, ein erfülltes, VOLLes Leben zu leben. Begeistert, erfüllt, einfach VOLL sein mit guten Dingen. **ER** = das bist du, ist **VOLL** mit **G**'s: z.B. VOLL mit Gesundheit, VOLL mit Geld, und auch VOLL mit Gott und allen guten Dingen, die ER denen bereitet hat, die IHN lieben. Jesus Christus hat ja im Johannes-Evangelium, Kapitel 10, Vers 10 gesagt: „...; ich aber bin gekommen, damit ihr Leben habt und das in **VOLL**er **G**enüge.“ Kein anderer, kein Religionsstifter und auch kein Politiker hat das jemals versprochen und auch gehalten. Manche haben es versucht zu versprechen – wie eben Politiker sind.

WAS VERSTEHEN WIR UNTER „ERVOLLGREICH“?

REICH ist jemand nicht, weil er viel Geld hat. Ich kenne einige Menschen, die man „reich“ nennt, aber sehr arm sind, denn Geld kann vieles nicht kaufen. Auf alle Fälle nicht das, was der Mensch wirklich sucht: echte Liebe, Wertschätzung, Anerkennung, Erfüllung und den Frieden im Herzen. Geld ist ein ausgezeichnetes Werkzeug, oft auch ein guter Problemlöser, aber ein miserabler Gott. Die wichtige Frage ist ja: Bin ich ein Sohn des Königs oder ein Sklave von Götzen? Geld allein – ohne den Frieden Gottes im Herzen – ist ein Götze, der Menschen zu Sklaven macht. Man kann aber beides haben. Das erfüllte Leben des Sohnes und Geld als Werkzeug zum Problemelösen.

WAS VERSTEHEN WIR UNTER „LEBEN?"

Unter „LEBEN" verstehen wir viel mehr als nur Existieren. Viele Menschen existieren ziemlich gut – aber sie wissen nicht, was DAS LEBEN wirklich ist. Viele existieren auf einer sehr hohen Ebene. Viele vegetieren einfach nur dahin und warten auf die Pensionierung, weil ihnen noch nie jemand gesagt hat, dass Leben viel mehr ist als nur die Zeit zu verbringen um alt zu werden und wieder „zu verschwinden".

Jesus ist gekommen, damit wir **DAS LEBEN** haben und es in VOLLer Genüge haben. Die Bibel nennt das: „Die unsterbliche Natur Gottes (das ewige Leben) in sich tragen." Darum hat auch der Apostel Johannes geschrieben: „Wer Jesus Christus hat, hat DAS LEBEN, wer Jesus Christus nicht hat, hat DAS LEBEN nicht." (1. Joh. 4:11-12). Wie kann jemand von Lebensqualität reden, wenn er nicht einmal DAS LEBEN hat. Jesus Christus sagte: „Ich BIN der Weg, die Wahrheit und DAS LEBEN ..."

Wie kommt man zu diesem LEBEN? Durch eine persönliche ENTscheidung für Jesus Christus entsprechend Joh. 1:11-12 und Römer 10:8-10. Also ganz einfach. Man muss nur eine persönliche ENTscheidung treffen = Aufheben einer Scheidung und das Leben Gottes empfangen.

WARUM ZITIEREN WIR DIE BIBEL UND BENUTZEN „BIBLISCHE BEISPIELE"?

Viele meiner Kunden, für die ich ein Seminar gehalten habe, sagten schon zu mir, ich dürfe ohne weiteres auch die Bibel zitieren und auch von Gott reden, denn alles andere, alle Philosophien und Theorien der letzten Jahrzehnte hätte man schon gehört und hätten das Versprochene nicht gebracht. Also vielleicht sollten wir doch mal die Bibel „probieren". Probieren alleine wird nicht viel bringen, sondern du solltest es auch glauben. Aber ist es nicht seltsam, dass man alle möglichen Leute aus der Geschichte zitieren darf und man gilt dann als „gescheit", weil man z.B. Goethe oder Sokrates zitieren kann. Wenn dann aber jemand die Bibel oder Jesus Christus selbst zitiert, dann wird sofort ein großes Fragezeichen (?) dahinter gesetzt. Und der, der Jesus zitiert, wird nicht selten sofort in „die Sektenecke" gestellt. Welch ein Nonsens! Warum sollte man nicht viel mehr noch Jesus Christus zitieren? Er ist doch der einzige der großen Männer der Geschichte, nach dem eine ganze Zeitrechnung verändert wurde. Also muss er Gewaltiges vollbracht haben. Naja, die Welt ist eben stockverrückt – das hat schon mein Vater gesagt.

Wenn du noch nicht glauben kannst, was Jesus Christus gesagt hat, dann beginne doch wenigstens mit dem „Probieren". So habe ich auch begonnen. Unter dem Motto: „Hilft's nix, so schadet's nix." Und mein Leben wurde gewaltig verändert und bereichert.

IST DAS EINE BESTIMMTE GLAUBENSGEMEINSCHAFT ODER KIRCHE?

Für Gott spielt es überhaupt keine Rolle, ob jemand katholisch ist, oder evangelisch oder Baptist, Methodist oder sonst was ist. Für Gott, den Vater, ist nur eines wichtig und zwar: Ob jemand IN Jesus Christus ist. Die Zugehörigkeit zu einer bestimmten Organisation ist für Gott nicht entscheidend. Organisationen sind Werke von Menschen. Du brauchst weder wo austreten noch wo eintreten, sondern dort, wo du bist, ein IN CHRISTUS erfülltes LEBEN leben – zur Freude und Begeisterung anderer Menschen, die deine Hilfe brauchen.

WARUM SAGE ICH „DU" ZU MEINEN LESERN?

Als ich vor mehr als 15 Jahren mein erstes Buch geschrieben habe, war ich schon mit der Frage konfrontiert, meine Leser mit dem üblichen SIE oder dem vertrauten DU anzusprechen. Und ich habe mich für das vertraute DU entschieden. Ganz einfach deshalb, weil ich meine Leser als meine Freunde betrachte und eine persönliche Beziehung aufbauen möchte. So manche meiner Leser haben mir schon gesagt: „Wenn ich deine Bücher lese, dann habe ich das Gefühl ich sitze neben dir und du sprichst zu mir persönlich." Genau das möchte ich tun. Ich schreibe meine Bücher nicht für deinen Verstand, sondern für dein Herz. Jeder Satz soll dich ermutigen, auferbauen und beGEISTern.

Ich betrachte dich als meinen Freund. Daher habe ich eine Bitte an dich: Wenn du mich mal persönlich triffst, komme auf mich zu und sprich mich einfach auch mit „Du" an, z.B. „Du, Karl", und ich weiß sofort, dass du eines meiner Bücher gelesen hast und auch mich als deinen Freund betrachtest. Ich freue mich darauf.

WARUM MUSS DER GEIST DES MENSCHEN UND DER VERSTAND DES MENSCHEN RICHTIG MITEINANDER VERBUNDEN WERDEN?

Gott hat es so geschaffen, dass der Mensch eine Trinität ist: Der Mensch ist Geist, hat Seele (Verstand, Wille, Gefühl) und wohnt in einem Körper. Man kann das mit dem Computer vergleichen: Betriebssystem, Software, Hardware. Wenn jemand sagt, dass Betriebssystem und Software ein und dasselbe sei, dann weiß ich, dass er vom Computer nicht viel versteht und sein Output wird nicht sehr brauchbar sein. Wenn einer sagt, dass beim Menschen Geist und Seele ein und dasselbe sei, dann weiß ich, dass er vom Menschen nicht viel versteht. Deshalb ist vielleicht der Output seines Lebens auch nicht so, wie er sich das gerne wünschen würde.

Jedenfalls: Gott hat uns beides gegeben: Seinen Geist und unseren Verstand. Und er hat uns beides gegeben, um es zum Nutzen anderer Menschen einzusetzen. Und je besser der Geist und der Verstand kompatibel und aufeinander abgestimmt sind, umso effizienter und erfüllter wird unser Leben sein. Ist doch logisch, oder?

Dein Verstand ist zu mehr guten Dingen fähig, als du glaubst. Setz ihn ein.

Der Geist Gottes in deinem Leben ist kraftvoller, als du glaubst. Lass ihn wirken. Und in der richtigen Kombination der beiden gilt dann: „Alles ist möglich, dem der glaubt!"

EIN PERSÖNLICHES WORT DES AUTORS:

Ich stamme aus armen Verhältnissen. Mein Vater war Kleinlandwirt und katholischer Totengräber in Sarleinsbach/ Mühlviertel/Österreich. Das Mühlviertel war nach dem 2. Weltkrieg eine wirtschaftlich benachteiligte Gegend. Wir hatten kein Geld um irgendetwas studieren zu können – aber ich hatte von Jugend an den festen Willen, mit meinem Leben etwas anzufangen. Obwohl ich 9 Jahre im öffentlichen Dienst war, hat mich mein „Unternehmerblut" nicht verlassen. Neben meiner Beamtentätigkeit hatte ich eine Reihe von Nebenverdiensten, geschäftliche Projekte und politische Ämter und mit 24 Jahren habe ich dann meine Beamtenlaufbahn total beendet um mich ganz dem Unternehmertum hinzugeben. Das war 1972. Seither habe ich Dutzende Unternehmen, Organisationen, Projekte etc. gegründet und pioniert und dabei alle Höhen und Tiefen des Lebens erlebt. Ich kenne auch aus persönlichem Erleben die Folgen von Konkurs und Misserfolg, Scheidung und Krebs, öffentliche Schande und das verlieren von „Freunden". Und ich kann dir aus eigener Erfahrung sagen:

Man kann aus jedem Problem ein Projekt machen, aus jedem Stolperstein ein Sprungbrett und aus jedem Tod eine Auferstehung.

Was ich dir sage und schreibe, ist ERLEBTES aus unserem eigenen Leben. WIR (meine Frau Monika und unsere 6 Kinder, die wir gemeinsam großgezogen haben) SIND mehr als Überwinder.

Und DU schaffst es auch – wenn DU willst.

UNSER BACKGROUND:

Bereits 1979 haben wir uns ein Haus in Texas gekauft (wir waren auf der Suche nach dem Sinn des Lebens) und haben (fast) jeden Sommer dort verbracht. 1986 haben wir dann unsere Zelte in Texas abgebrochen und uns in Tulsa, Oklahoma niedergelassen. Seither sind wir mit vielen (manchmal längeren) Unterbrechungen in Tulsa, Oklahoma wohnhaft und wir nennen es unser Zuhause. Alle unsere Kinder hatten das Vorrecht dort eine christliche Privatschule zu besuchen. Dies war die beste Investition unseres Lebens. Ich bin in den letzten 20 Jahren über 150-mal zwischen USA und Europa hin- und hergeflogen um meine Berufung – Menschen zu helfen erVOLLgREICH zu leben – zu erfüllen. Wir versuchen dabei das GUTE, was es in Amerika gibt, mit dem GUTEN, was es in Europa gibt, miteinander zu verbinden. Wenn es uns gelingt, die Qualitäten der Deutschen mit der Lebensphilosophie, der Kreativität und der Denkweise der Amerikaner in der richtigen Weise miteinander zu verbinden, dann sind wir Deutschen (auch Österreicher und Schweizer) am Weltmarkt unschlagbar und persönlich erVOLLgREICH.

DIE WICHTIGSTE ENTSCHEIDUNG DEINES LEBENS:

Viele Menschen fragen immer wieder: „Was ist die wichtigste Entscheidung meines Lebens?“ Das ist ganz einfach zu beantworten. Gott selbst bietet uns in Jesus Christus SEIN Leben an.

Im Johannes-Evangelium Kap. 1:11-12 steht: „ER kam in sein Eigentum, aber die Seinen nahmen ihn nicht auf. Allen aber, die IHN aufnahmen, denen gab er die Macht Kinder Gottes zu sein:"

Gottes Angebot an uns lautet: „Ich schenke dir mein Leben. Meine Natur. Meine Gerechtigkeit, meine Liebe. Mein Leben. Das Leben Gottes." Aus reiner Liebe und Gnade. Vollkommen kostenlos und ohne Bedingungen. Im Johannes-Evangelium 3:16 steht: „So sehr hat Gott die Welt geliebt, dass ER seinen einzigen Sohn (Jesus Christus) hingab, damit alle, die an IHN glauben, nicht verloren gehen, sondern ewiges LEBEN (das Leben Gottes) haben."

Daher empfehle ich dir und lade dich ein, nimm das Angebot Gottes an. Es ist die beste Entscheidung deines Lebens. Dein Leben bekommt dadurch wieder richtig Sinn. Und es ist so einfach. Bete einfach folgendes Gebet mit ganzem Herzen:

„Vater im Himmel, ich danke dir für deine Liebe und deine Gnade. Ich möchte heute dein Angebot annehmen und DEIN Leben empfangen. Danke, dass du mir all meine Schuld und Sünde vergeben hast. Ich glaube in meinem Herzen, dass Jesus Christus der Sohn Gottes ist und dass er von den Toten auferstanden ist zu einem neuen Leben. Und ich mit ihm. Jesus, ich lade dich daher jetzt ein, komm in mein Herz und mache mich zu einem neuen Menschen IN Christus. Danke, dass du meine Bitte erhört hast. Ich bin jetzt ein Kind Gottes."

Das war die wichtigste Entscheidung und das wichtigste Gebet in deinem Leben. Es spielt keine Rolle, ob du katholisch bist oder evangelisch oder freikirchlich oder überhaupt keiner Kirche angehörst. Du brauchst auch nirgends beitreten, sondern dich ganz einfach freuen, dass Gott dich liebt und er dich sein Kind nennt. Gott schaut nicht auf Organisationen, sondern er hat seine Gnade den Menschen geschenkt.

Ich freue mich von dir zuhören.

Karl Pilsl

ÜBER DEN AUTOR

Karl Pilsl ist ein seit 35 Jahren in alle Höhen und Tiefen eingeweihter, selbstständiger Unternehmer, seit 1977 Medien-Unternehmer, seit 1979 auch in den USA tätig und dort seit 1987 Wirtschaftsjournalist, Autor von bisher mehr als 20 Büchern zu den Themen Strategie, Leadership, Motivation, Wirtschaftsrevolution, Trends, erVOLLgREICHes Leben und gelebter Christlicher Werte.

Karl Pilsl hat in den letzten 35 Jahren mehr als ein Dutzend Unternehmen und Organisationen in Deutschland, Österreich und den USA gegründet, Hunderte Mitarbeiter aufgebaut und geführt, viele Leadership-Teams installiert und ist so mit allen Herausforderungen eines mittelständischen Unternehmers vertraut. Er ist u. a. Gründer der Österreichischen Baumarktforschung, heute als Baudata GmbH zur Bertelsmann-Gruppe gehörend. Er ist auch inspirierender Berater einiger einflussreicher Persönlichkeiten in Wirtschaft und Politik.

Karl Pilsl ist seit über 20 Jahren gefragter Seminarleiter, Consultant und spricht jährlich Hunderte Mal bei Veranstaltungen aller Art „around the world". Er steht auch in Deutschland und Österreich für begeisternde, ermutigende Veranstaltungen, ausgerichtet für zielstrebige Unternehmer und Führungskräfte zur Verfügung. Nähere Auskunft dazu beim Verlag.

Er hat Hunderten Unternehmern geholfen, ihre erfolgreiche Unternehmens-Strategie zu entwickeln und umzusetzen. Seit 1987 beschäftigt er sich insbesondere damit, herauszufinden, was deutsche Unternehmer und Führungskräfte von ihren amerikanischen Kollegen lernen können, hat dazu Dutzende amerikanische Firmen analysiert auf die ihren großartigen Erfolgen zugrunde liegenden Erfolgsprinzipien.

Karl Pilsl ist auch Gründer von usaforyou – Inspirations for Business & Life, wo Menschen die Möglichkeit geboten wird, vor Ort zu erleben, wo der entscheidende Unterschied zwischen der Denkweise deutscher und amerikanischer Unternehmer liegt. Mehr Info dazu unter www.usaforyou.com.

Zwei seiner neueren Bücher „Die 10 Haupttrends der aus den USA kommenden Wirtschaftsrevolution" und „Die naturkonforme Strategie" sind wiederum Bestseller und besonders attraktiv für moderne Marketingunternehmen.

Karl und Monika Pilsl haben eine große Familie mit insgesamt acht Kindern und (bisher) neun Enkelkindern. Sie leben sowohl in Tulsa, Oklahoma (USA) als auch im Bayerischen Wald.

MEDIEN VON VERLAG GUTE NACHRICHT

Die naturkonforme Strategie

Die Natur ist erfolgreich. Jahr für Jahr. Was macht sie richtig? Wenn wir aufhören, kompliziert zu denken und bereit sind, von der Natur zu lernen, dann wird das Leben einfach und höchst interessant. Wenn wir aufhören, allen alles recht machen zu wollen und beginnen, uns auf unsere Stärken und Talente und auf unsere Berufung zu konzentrieren, dann wird es sehr einfach, Spitzenleistungen zu erbringen und damit viele Menschen glücklich zu machen. – Die Natur ist Franchising und Network-Marketing zugleich. Die Natur versteht es blendend, sich zu multiplizieren. – Deutschland hat zu viele Manager und viel zu wenige Leader. Menschen lassen sich nicht managen, Menschen möchten geführt werden.

A5, 120 Seiten, ISBN 3-935760-00-0, VK ***EUR 12,00***

Die 10 Haupttrends der aus den USA kommenden Wirtschaftsrevolution

Wir stehen mitten in einer noch nie da gewesenen Wirtschaftsrevolution – weltweit! Ob Sie zu den Siegern oder zu den Verlierern dieser Revolution gehören, liegt an Ihnen.

A5, 126 Seiten, ISBN 3-935760-05-01, VK ***EUR 12,00***

Wovon werden die Menschen von morgen leben?

Die Wirtschaftsrevolution des 21. Jahrhunderts *– Live-Mitschnitt eines Vortrags*

Die aus den USA kommende Wirtschaftsrevolution des 21. Jahrhunderts und die damit verbundene Arbeitsmarktrevolution. Wer die Trends der heutigen Zeit früh genug erkennt, wird auch in Zukunft wirtschaftlichen Erfolg haben. Welche Trends sind das und welche Chancen und Möglichkeiten habe ich dadurch?

2 CDs, Gesamtlaufzeit ca. 121 Minuten, ISBN 3-935760-20-5, VK ***EUR 18,00***

So komme ich zu meinem Traumjob!
Niemals arbeitslos, wenn ...

Teil I dieses Buches ist für Menschen geschrieben, die es vorziehen, in einem Unternehmen zu arbeiten, das ihnen nicht gehört und denen eine geregelte Arbeitszeit wichtig ist. Teil II dieses Buches ist für Menschen geschrieben, die es vorziehen, für sich selbst und zur Sicherung der eigenen Zukunft zu arbeiten, ihre Zeit frei einteilen möchten und ihren ErVOLLg davon abhängig machen, wie viel Zeit sie in andere Menschen investieren möchten. Beide Wege sind sehr gute Wege. Der erste Weg ist riskanter. Der eine ist für das Erstere, der andere ist für das Zweitere geboren.

A5, 116 Seiten, ISBN 3-935760-03-5, VK ***EUR 12,00***

Der sich multiplizierende Menschenspezialist

Live-Mitschnitt eines Seminars

Wer sich bei Menschen auskennt, diese erVOLLgREICH macht und zur Multiplikation führt, hat die besten Chancen auf eine erVOLLgREICHe Zukunft! Die zentrale Frage: „Was haben andere Menschen davon, dass es mich gibt?", wird in diesem Seminar ausführlich behandelt. Aus seinem reichen Schatz an gelebten Erfahrungen als langjähriger Unternehmer und Familienvater inspiriert Karl Pilsl und fordert mit verblüffend einfachen Ansätzen dazu auf, umzudenken und neue Wege zu gehen.

4 CDs, Gesamtlaufzeit ca. 204 Minuten, ISBN 3-935760-08-6, VK ***EUR 36,00***

Was hat mein Chef davon, dass es mich gibt?

Interessiert es Sie, wie Sie Ihren Arbeitsplatz sichern können und für Ihren Chef unverzichtbar werden? Oder haben Sie als Chef Interesse daran, Ihre Mitarbeiter durch ein wirklich gutes Buch zu motivieren? Dann ist dieses Buch genau das richtige für Sie!

A5, 134 Seiten, ISBN 3-935760-07-8, VK ***EUR 14,00***

DVD - Der Megatrend des 21. Jahrhunderts:

Der Unternehmer als Menschenspezialist

Karl Pilsl nicht nur HÖREN, sondern auch SEHEN! Visionäre Leadership und die praktische Umsetzung der naturkonformen Strategie. Der Megatrend des 21. Jahrhunderts: Werden Sie ein Menschenspezialist! Wer sich bei Menschen auskennt und diese erVOLLgreich macht, sichert dadurch seine eigene Zukunft. Menschen möchten geführt werden und sich entfalten dürfen. Viele Firmen werden einfach nur gemanagt, sind aber weit weg von visionärer Leadership. Worauf es ankommt und wo der Unterschied zwischen Management und Leadership liegt, hören Sie auf dieser DVD.

1 DVD, Gesamtlaufzeit ca. 48 Minuten, ISBN 3-935760-09-4, VK ***EUR 18,00***

10 Schritte zu einem erfüllten, erVOLLgREICHen, sinnvollen Leben

Alles beginnt mit einem Traum. Wer keine eigenen Ziele hat, wird immer von anderen Menschen gelebt. Wer die Führung für sein Leben nicht selbst übernimmt, darf sich nicht beklagen, wenn er von anderen Menschen wohin geführt wird, wohin er gar nicht wollte. In diesem Buch zeigt Karl Pilsl 10 wichtige Schritte auf, sich mit der aktuellen Situation und der eigenen Zukunftsgestaltung zu beschäftigen. Bedenken Sie: Es gibt keine Grenzen. Nicht für Gedanken, nicht für Ziele. Nur die Angst vor dem Versagen setzt unsere Grenzen. Planen Sie Ihr Leben und überlassen Sie es nicht dem Zufall.

A5, 120 Seiten, ISBN 3-935760-10-8, VK ***EUR 12,00***

Familienseminar: ErVOLLg beginnt zu Hause!

Diese 4-teilige CD-Serie von Karl und Monika Pilsl ist ein Live-Mitschnitt eines der gleichnamigen Seminare und beinhaltet folgende Kernthemen:

„Make Mama Happy" *– Was ist die Aufgabe eines Mannes, damit wirklich eine Atmosphäre der Liebe und Freude im Hause ist?*

Wie kann eine Frau ihrem Mann helfen, *damit sein Leben so einfach wie möglich ist und es ihm leicht fällt, die Verantwortung zu Hause zu tragen?*

Was sind die wesentlichen Punkte in der Kindererziehung, *damit die Kinder möglichst problemfrei durchs Teenageralter gehen und gestandene Persönlichkeiten werden?*

Wie kann man positive Kinder erziehen *in einer negativ geprägten Welt und die Familie visionär führen?*

Wie kann man Familie und Beruf miteinander in Einklang bringen *und dabei gemeinsam glücklich sein?*

4 CDs, Gesamtlaufzeit ca. 204 Minuten, ISBN 3-935760-23-X, VK ***EUR 32,00***

Der kybernetisch wirkungsvollste Punkt im Glaubensleben

Wie kann ich wirklich praktisch erleben, was Gott mir geschenkt hat? Wenn ich Christ bin, LEBT Jesus Christus IN MIR. SEIN Leben ist MEIN Leben geworden. Wie kann ich diese Fülle Gottes in mir in meinem Alltagsleben wirklich real erleben? Worauf muss ich mich in meinem Christsein konzentrieren, dass die Frucht des Geistes (das erfüllte Leben) automatisch in meinem Leben sichtbar wird? Wie löse ich diesen begeisternden Automatismus aus? Christsein ist höchst attraktiv. Wie kann ich das „Leben Gottes in mir" in persönliche Anziehungskraft verwandeln und damit viele Menschen erreichen?

A5, 118 Seiten, erschienen unter
Wort+Geist Medien AG, VK ***EUR 12,00***

... und ER heilte sie alle!

Göttliche Heilung empfangen – Göttliche Gesundheit behalten
mit Vorwort von Pastor Helmut Bauer

Viele Wissenschaftler wissen es noch nicht! Aber Krebs ist heilbar. Und zwar in jedem einzelnen Fall. Ja, wir müssen umdenken! Es gibt Dinge zwischen Himmel und Erde, von denen viele NICHTS wissen – weil es uns NIE GESAGT wurde. WENN SIE BEREIT SIND, Ihre bisherige Philosophie über Krankheit, Gesundheit, Gott und die Welt einmal zu hinterfragen und eventuell auch in Frage zu stellen, dann sollten Sie dieses Buch unbedingt lesen.

A5, 92 Seiten, ISBN 3-935760-21-3, VK ***EUR 10,00***

Starke Worte für starke Zeiten

Wir leben in starken Zeiten. Die Entwicklungen im begonnenen 3. Jahrtausend und die Zeichen der Zeit sind atemberaubend. Die Welt ist nicht mehr so, wie sie einmal war. Wir alle stehen ganz neuen Herausforderungen gegenüber. Die rapide Veränderung ist die einzige Konstante, die es heute gibt. Ungewißheit über die Zukunft macht sich breit. Die Angst der Menschen wächst. Wir leben in starken Zeiten.
Starke Zeiten verlangen nach starken Worten, nach Worten der Ermutigung, Worten der Hoffnung, Worten, die Power bringen. Diese Buchreihe ist eine wahre Ermutigung für die Herausforderungen des Alltags.

Nr. 1 – Du bist geboren zum Sieg – *A5, 52 Seiten, ISBN 3-935760-11-6, VK* ***EUR 6,00***
Nr. 2 – ErVOLLgreich ins 3. Jahrtausend – *A5, 52 Seiten, ISBN 3-935760-12-4, VK* ***EUR 6,00***
Nr. 3 – Nimm dein Leben in die Hand – *A5, 52 Seiten, ISBN 3-935760-13-2, VK* ***EUR 6,00***
Nr. 4 – Lebe ein Leben der Freude – *A5, 52 Seiten, ISBN 3-935760-14-0 VK* ***EUR 6,00***
Nr. 5 – Es geht aufwärts – *A5, 52 Seiten, ISBN 3-935760-15-9, VK* ***EUR 6,00***
Nr. 6 – Die Power von x^3 – *A5, 52 Seiten, ISBN 3-935760-16-7, VK* ***EUR 6,00***

MEDIEN IN VORBEREITUNG

Starke Worte für starke Zeiten Nr. 7 – Auf festem Fundament
A5, 52 Seiten, ISBN 3-935760-17-5 Erscheinungsdatum 2007

Starke Worte für starke Zeiten Nr. 8 – Meine Zukunft ist gesichert
A5, 52 Seiten, ISBN 3-935760-18-3 Erscheinungsdatum 2007

Ein aktuelles
Medienverzeichnis bzw. **Seminarangebote**
von Karl Pilsl und des
Verlags Gute Nachricht
erhalten Sie bei:

Verlag Gute Nachricht GmbH
Freyunger Straße 53 a · D-94146 Vorderschmiding
Tel. +49-8551-9149-0 · Fax +49-8551-9149-14
E-Mail: office@verlag-gute-nachricht.de

oder im Internet:
www.wirtschaftsrevolution.de